AF369690

GUSTAVE GOIN

NOTICE

LUE A LA SOCIÉTÉ ÉDUENNE, A LA SÉANCE
DU 4 FEVRIER 1886.

AUTUN

IMPRIMERIE DEJUSSIEU PÈRE ET FILS

1886.

GUSTAVE GOIN

NOTICE

LUE A LA SOCIÉTÉ ÉDUENNE, A LA SÉANCE
DU 4 FEVRIER 1886.

AUTUN

IMPRIMERIE DEJUSSIEU PÈRE ET FILS

1886.

GUSTAVE GOIN

NOTICE

LUE A LA SOCIÉTÉ ÉDUENNE, A LA SÉANCE
DU 4 FÉVRIER 1880.

« A cette liste funèbre il faut ajouter le nom de notre collègue, M. Gustave Goin, ancien juge au tribunal civil. Après de longues années de souffrance, miné par une implacable maladie, il s'est éteint le 21 janvier dernier, à l'âge de 43 ans. Il était réduit à n'être plus qu'un souffle. La mort l'a endormi sans agonie.

» Gustave Goin est né à Autun, le 6 novembre 1842. Il se montra, dès le collège, ce qu'il devait être plus tard. C'était un enfant doux, aimable, mais déjà sérieux et réfléchi. Il fit d'excellentes études sous la direction de professeurs éclairés dont quelques-uns devinrent par la suite ses amis. Au sortir des classes, il se sentit attiré vers l'étude du droit. C'était comme une sorte de vocation. Sa nature d'esprit le disposait à l'intelligence d'une science qui touche par ses sommets aux idées les plus abstraites et que le grand jurisconsulte dijonnais [1] a si bien définie l'école de la justice et de la probité.

» J'ai sous les yeux les programmes que M. le secrétaire de la faculté de Dijon a eu l'obligeance de me communiquer. Ils constatent que Gustave Goin, après avoir passé tous les examens à toutes boules blanches, à l'unanimité, avec éloge spécial, a obtenu, en 1865, d'être inscrit pour la licence en tête de la liste d'honneur; qu'en 1868, après les épreuves du doctorat, il est également placé en tête de cette liste. Il partage cet honneur avec M. Metman, depuis procureur de la République à Autun, et qui est encore notre collègue dans cette

1. Proudhon.

Société. En cinq ans, Gustave Goin avait
franchi tous les degrés et obtenu tous
les diplômes.

» Une telle préparation lui donnait
naturellement accès à la magistrature ;
mais sa complexion délicate ne lui per-
mettait guère de songer à la carrière des
parquets où des travaux plus variés, le
service des audiences, des rapports jour-
naliers avec le procureur général donnent
aux jeunes magistrats des occasions plus
fréquentes de mettre leurs talents en
évidence. Dès cette époque, Gustave
Goin était obligé de compter avec sa
santé. Ces fonctions de juge lui ouvraient
des perspectives moins brillantes, mais
semblaient lui promettre une carrière
moins agitée et une existence plus pai-
sible. Il borna son ambition à être juge
dans sa ville natale. Nommé suppléant
près le siège d'Autun le 25 avril 1870, il
fut appelé aux fonctions de juge titulaire
par décret du 9 décembre 1871.

» Les Anglais, Messieurs, ont un pro-
verbe qui nous manque, peut-être parce
que notre pays ne comprend pas assez

l'importance de cette règle pratique : *the right man in the right place.* Il faut doubler la phrase pour la traduire : « la place qui convient à l'homme, l'homme qui convient à la place. » Jamais plus exacte application n'en a été faite. M. Goin était né magistrat. Il en avait toutes les qualités, tous les talents, toutes les vertus.

» Dans une série de mercuriales qu'on ne lit plus guère, mais qui mériteraient de ne point tomber dans l'oubli, un chancelier de France, au commencement du siècle dernier, s'est plu à tracer l'image et comme l'idéal du parfait magistrat. Au premier rang des vertus qu'il en exige, il place l'amour de son état, puis la crainte de la censure publique, puis la dignité, la simplicité, les mœurs, la science, l'attention, — une vertu qu'il faudrait peut-être souligner,—la fermeté, l'amour de la patrie, et d'autres encore. Ne reconnaissez-vous pas, à chacun de ces traits, la physionomie que je voudrais mettre sous vos yeux, si elle n'était déjà fixée dans vos esprits et dans votre souvenir. Tel a été Gustave Goin. Il avait toutes ces vertus au degré le plus éminent. L'illustre chancelier abrège ici ma tâche et vient au secours de mon insuffisance.

» La fermeté : peut-être vous étonnerez-vous de cette expression appliquée à un jeune homme dont la douceur, la bienveillance, étaient si justement appréciées. Eh bien, cette vertu est une de celles dont il s'est le plus honoré, parce qu'elle se rattachait plus étroitement, dans sa pensée, à la justice et au devoir. Dans ce corps si frêle habitaient une âme courageuse, un cœur haut placé, prêt à tous les sacrifices quand la loi et le devoir avaient parlé.

» Que de choses encore ne suis-je pas obligé de passer sous silence ou de n'indiquer que d'un trait : son application si intelligente et si scrupuleuse à tous les détails du service, — détails dont les personnes étrangères à la profession se font généralement une idée bien incomplète, et cependant si essentiels à la bonne administration de la

justice, — la sûreté de son jugement, la
sagesse de ses avis, sa profonde et péné-
trante perspicacité dans nos délibérations.
J'en finis avec le magistrat, je reviens à
l'homme.

» J'ai dit ailleurs, dans les quelques
paroles que j'ai prononcées sur sa tombe,
qu'il ne laissait après lui aucune trace
de sa pensée. Je me trompais. J'oubliais
sa thèse de doctorat, et j'ignorais son
étude sur Proudhon. Ces deux documents datent de 1868.

» La thèse est un véritable traité de
la Saisine héréditaire. C'est un sujet spécial, exclusivement juridique, et j'hési-
terais à vous en entretenir, si je n'avais
à signaler une partie de ce travail qui
confine à vos études et à justifier par un
exemple ce que je disais tout à l'heure
de l'esprit de méthode et de la sagacité
du jeune docteur.

» Dans le droit moderne, la Saisine
est la possession, ces deux termes sont

exactement synonymes. Il n'en était
pas ainsi dans l'ancien droit. Pendant de longs siècles on a pu avoir
l'une sans l'autre. L'assimilation ne
s'est faite que lentement, sous l'effort
de la jurisprudence. D'où venait cet
état de choses ?

» Les uns y voient un dernier vestige
du vieux symbolisme romain où la vente,
et en général la transmission de la propriété, ne s'opérait que par la tradition
matérielle d'un objet qui représentait l'hé-
ritage aliéné; l'école allemande, à laquelle
se rattachent deux éminents professeurs,
Klimrath et Chauffour, y trouvent un
souvenir de l'ancien droit germanique
où la propriété ne pouvait changer de
mains que par une déclaration faite dans
l'assemblée de la tribu, en présence du
mallum. Mais l'auteur de la thèse fait
remarquer que l'explication ne résout
pas le problème. A Rome, comme chez
les Germains, en dehors des formalités
accomplies, il n'y avait ni vente ni possession. Les Romains n'ont pas connu la
Saisine. Pour des barbares, comme étaient

alors les tribus germaniques, la notion d'une possession de fait distincte de la possession de droit était trop abstraite. C'est donc ailleurs qu'il faut chercher la solution.

» Ici l'auteur place une remarque aussi juste que profonde. Si l'on étudie les vieux titres, les chartes, les documents relatifs à des contrats de vente, on y voit figurer non plus seulement l'acheteur et le vendeur, mais un troisième personnage à côté de ce dernier, et quel rôle ce personnage remplit-il? Un rôle important et nécessaire. Il se *dévêt* pour *vêtir* l'acheteur ; c'est lui qui sanctionne la vente, qui *saisit* l'acheteur de la possession de l'immeuble, possession désormais complète et qui vaudra envers et contre tous, qui lui donne, en un mot, la Saisine et l'investiture.

» Ces expressions trahissent, ou plutôt démontrent une origine féodale, mais la preuve n'est pas encore complète. A quelle époque ce personnage apparaît-il? Quel est-il? Il est le seigneur, *li Sire*, comme disent Beaumanoir et les anciens

coutumiers. C'est la période historique
où le régime des fiefs a établi sur tout le
territoire des rapports de suzeraineté et
de vassalité, où règne l'axiome : nulle
terre sans seigneur. A ce moment, il n'y
a pas seulement deux possessions dis-
tinctes, l'une de fait, l'autre de droit, il
y a deux possesseurs, dont l'un possède
le domaine utile, l'autre le domaine
éminent et qui seul peut conférer l'investiture. C'est donc à l'édit de Kiersy-
sur-Oise qui reconnaît l'hérédité des
bénéfices en ligne directe, que remonte
l'institution de la Saisine.

» Je n'ai point à me prononcer sur la
valeur de cette théorie qui me paraît
d'ailleurs irréfutable. Mais je dis qu'un
esprit capable d'aborder un tel problème
et de le suivre avec cette ampleur de
recherches, que j'ai résumées en quelques
lignes, et cette rigueur de déductions,
n'était pas un esprit médiocre.

» L'éloge de Proudhon, écrit pour la
rentrée d'une conférence, est, avec sa
thèse de doctorat, le seul ouvrage imprimé

qui nous reste de Gustave Goin. Le style en est très remarquable. Il a la fermeté, la souplesse, la simplicité, c’est-à-dire un ensemble de qualités rares même chez les écrivains de profession. Mais ce qui le recommande surtout, c’est la netteté des vues, la portée de ses appréciations, la précision de ses analyses. Le jeune auteur a étudié et médité l’œuvre entière de ce maître puissant, mais généralement dépourvu de relief et d’une lecture peu agréable, qui disait de ses livres : « Ils sont comme mes murailles, ils ont six pieds d’épaisseur ». Gustave Goin définit avec un rare bonheur d’expression la méthode de l’illustre doyen qui ne reçoit pas d’opinions toutes faites et ne se fie qu’à sa raison, qui s’élève contre l’usage abusif de ne lutter qu’à coups d’arrêts, *qui vous fait passer par le chemin qu’il a suivi lui-même pour former ses convictions*, qui apprend à penser, et dont la préoccupation est de développer l’habitude du raisonnement, d’accoutumer l’esprit à se rendre compte de tout, même de ce qui n’est pas contesté, plutôt que de se charger d'idées et de raisonnements tout faits, parce que le droit est plus œuvre de raison que de mémoire.

» Ces réflexions que je lui emprunte ne sont-elles pas elles-mêmes d'un penseur? J'en dirai autant de cette autre qu'il place au début de son travail et qui mérite d'être citée :

« Il n'est pas de satisfaction plus
» douce et plus complète, lorsqu'on
» étudie la vie d'un grand homme,
» que de pouvoir lui accorder en même
» temps son estime et son admiration,
» et de trouver en lui, à côté du talent
» qui rend célèbre, la vertu qui rend
» aimable. »

» Tel fut, Messieurs, ce jeune homme en qui la mort vient de briser tant d'espérances. Il ne voulait être qu'un homme de bien, mais il a fallu compter avec l'âpre destinée qui semble prélever son tribut sur ce qu'il y a de meilleur dans l'espèce humaine.

» En vous parlant du magistrat, du jurisconsulte, j'ai presque omis ce qu'il y avait de plus parfait en lui, l'homme intérieur, sa bonté, sa modestie, et tant de vertus cachées qui avaient, selon l'expression de son ami le plus cher et qui le connaissait le mieux [1], ce quelque chose d'achevé que donne la souffrance. Ceux-là seuls qui ont eu accès dans son intimité, qui ont pénétré dans le sanctuaire de cette âme exquise, peuvent dire ce qu'elle renfermait de charité, de sympathie pour les pauvres et les souffrants, pour tous ceux qui, à l'heure de l'épreuve, venaient chercher auprès de lui la consolation et le bon conseil; eux seuls peuvent dire de quelle main délicate et discrète cet affligé de la vie savait panser les blessures des autres affligés.

» Ce qu'il faut surtout admirer, c'est la résignation dans la douleur, son humilité dans le sacrifice, son calme devant

1. M. Louis Renault, le jeune et savant professeur à la faculté de droit de Paris.

la mort. Pendant sept ans, elle n'a cessé d'être présente à sa pensée, d'abord comme une vision lointaine et vague, puis comme une forme s'approchant à pas rapides et inexorables. Il a pu compter les années, puis les mois, puis les jours; puis elle est venue s'installer à son chevet. Au lieu de s'en effrayer, il l'a accueillie comme l'amie du foyer, comme l'ange de la délivrance.

» C'est qu'il avait de la mort, comme de la vie, une conception plus haute que la plupart des hommes de notre temps. La vie était pour lui le travail, la peine, l'épreuve ; la mort, le repos, le salaire, la récompense. Il y avait en lui une force qui l'élevait au-dessus des défaillances de la nature et qu'il puisait dans les lumières et dans les certitudes de ses croyances religieuses. Il n'était pas seulement croyant, il était pieux, d'une piété tendre et confiante. Il avait la foi des hautes intelligences et des grandes âmes, comme celle des humbles et des simples.

» Gustave Goin est une perte pour la magistrature où il eût été, où il était déjà une lumière; une perte pour la science du droit, où il fût devenu un maître; une perte pour la cité dont il eût été l'ornement; une perte enfin pour vous, Messieurs, parce qu'il se serait certainement et bien utilement associé à vos travaux. »

Autun. — Imp. Dejussieu.

9 782329 554723